CABINET DE M. F. V.

TABLEAUX

ANCIENS ET MODERNES

MINIATURES

DESSINS ET AQUARELLES

VENTE
LUNDI 25 JANVIER 1864

EXPOSITION PUBLIQUE
DIMANCHE 24 JANVIER

M. Ch. PILLET, commissaire-priseur
M. Ferdinand LANEUVILLE, expert.

PARIS
TYPOGRAPHIE CHARLES DE MOURGUES FRÈRES
Rue Jean-Jacques Rousseau, 8.
1863

CATALOGUE

DE TABLEAUX

ANCIENS ET MODERNES

PAR

PAUL VÉRONÈSE, TITIEN, TIÉPOLO, BOUCHER,
E. DELACROIX, ROBERT FLEURY,
L. RIESENER, ETC.

MINIATURES

PAR

HALL, H. FRAGONARD, DUMONT.

DESSINS ET AQUARELLES

PAR

BONINGTON, CHARLET, E. DELACROIX, DECAMPS, ROQUEPLAN, &.,

PROVENANT DU CABINET DE M. F. V.

DONT LA VENTE AURA LIEU

HOTEL DES COMMISSAIRES-PRISEURS, RUE DROUOT, 5

Salle n° 5,

Lundi 25 *janvier* 1864, *à deux heures,*

Par le ministère de Me Charles PILLET, commissaire-priseur, rue de Choiseul, n° 11

Assisté de M. Ferdinand LANEUVILLE, expert, rue Neuve-des-Mathurins, 73.

EXPOSITION PUBLIQUE

Dimanche 24 janvier 1864, de une heure à cinq heures.

CONDITIONS DE LA VENTE.

Elle sera faite au comptant.

Les adjudicataires payeront *cinq pour cent* en sus des enchères, applicables aux frais.

La Collection dont nous publions le Catalogue renferme des tableaux de diverses écoles anciennes et modernes, des miniatures des maîtres les plus célèbres du siècle dernier, et des dessins d'artistes contemporains.

Parmi les tableaux, nous recommandons tout particulièrement à l'attention des amateurs : un *Mariage de la Vierge*, de Paul Veronèse; une fresque enlevée et reportée sur toile, du même artiste; le *Portrait de Lavinia*, fille de Titien; le *Triomphe d'Amphitrite*, par Boucher; des peintures d'Eugène Delacroix, de MM. Robert-Fleury et Léon Riesener.

Quant aux miniatures, il serait difficile d'en réunir de plus remarquables, et, ce qui est non moins rare, de mieux conservées. Elles diffèrent entre elles moins par le mérite que par les dimensions. Nous pouvons affirmer qu'aucune copie ne figure parmi les Hall et les Fragonard que nous livrons aux enchères.

Ce que nous venons de dire des miniatures s'applique aux dessins de Bonington. Ils sont tous parfaitement authentiques.

Les dessins marqués d'un astérisque sont montés, comme ceux du Musée du Louvre, sur un carton généralement bleuâtre, avec filets d'or et encadrement lavé. Leur format uniforme est celui adopté par le célèbre amateur Mariette.

Les tableaux ne portant point d'indication de matière sont peints sur toile.

TABLEAUX.

BADILE (Paolo).

1. — *Martyre d'une sainte.*

Vers la gauche, un soldat s'apprêtant à trancher la tête d'une sainte martyre agenouillée. A droite, sur un trône, un empereur présidant au supplice. Dans le fond, un palais, un balcon avec des spectateurs, une autre sainte agenouillée, une ville, de hautes montagnes. Dans le ciel, un ange tenant une palme. — Signé PAVLVS BADILE OPVS.

Composition importante d'un artiste véronais du XVIe siècle, de la famille d'Antonio Badile, maître de P. Véronèse.

BERGE (Auguste-Charles de la).

2. — *Paysage.*

Cette étude, faite d'après nature sur les bords de la mer en Normandie, est très-vigoureuse et très-largement exécutée.

BOUCHER (François).

3. — *Le Triomphe d'Amphitrite.*

Au milieu de la composition, la déesse, couchée sur une coquille, appuyée sur Neptune, est entourée de nymphes occupées à la parer. Un génie, descendant du ciel, lui apporte la couronne de la beauté. Des fleuves, des nayades, des tritons se jouent sur les flots. A droite, une grotte d'où sortent les chevaux marins. Au-dessus de la grotte, Éole et les Vents.

Cette esquisse, très-avancée, est peinte sur une toile bleuâtre dans un ton chaud et bistré plein d'harmonie.

H. 0.40. — L. 0.90.

BOUCHER.

4. — *Vénus endormie.*

Esquisse.

Papier collé sur toile.

BOUNIEU (Michel-Honoré).

5. — *Portrait de femme.*

Elle est représentée assise, vêtue de blanc, tenant un petit chien sur ses genoux, le coude appuyé sur une table couverte d'un tapis et supportant un vase de fleurs.

Cette bonne peinture a été attribuée à Chardin, dont elle rappelle un peu l'exécution, mais n'est point de cet artiste.

CALIARI (Paolo), dit Paul Véronèse.

6. — *Le Mariage de la Vierge.*

Debout sur la première marche du temple, dans une attitude pleine de modestie, la Vierge, vue de profil et s'appuyant sur la main de saint Joseph, dont la baguette a seule fleuri, va recevoir l'anneau nuptial que le grand-prêtre présente au nouveau marié. La colombe divine plane sur les époux. Der ·ère le grand-prêtre, un acolyte portant ouvert le livre de la loi, et deux personnages dont on ne voit que les têtes. Au premier plan, du même côté, un homme, coiffé d'un turban, tenant deux baguettes, et un enfant, vêtu d'un surplis, porteur d'une torche allumée. Derrière la Vierge, deux prétendants et un petit garçon. Tout à fait à droite, un homme chauve relevant son manteau et tenant aussi une baguette. Dans le fond, une femme ayant un enfant dans ses bras. — La cérémonie se passe au pied des degrés du temple, dans un vestibule d'une riche architecture, orné de statues. Au dernier plan, une porte à colonnes de marbre surmontée d'un fronton brisé supportant des figures sculptées. Au milieu, un écusson sans armoiries, et au-dessus une fenêtre ronde grillée.

Cette gracieuse composition, où se trouvent réunies à un haut degré toutes les qualités éminentes du célèbre peintre vénitien, ne renferme pas moins de 15 figures dans un cadre assez restreint. Les petits tableaux religieux de P. Véronèse sont rares, et celui-ci, peint avec toute la délicatesse que réclamait sa dimension, dut sans doute être exécuté pour l'oratoire de quelque grande dame vénitienne.

H. 0.80. — L. 0.70. — Fig. de 0.38.

CALIARI.

7. — *Un génie.*

Un petit génie ailé se retient aux branches d'un pommier dont il cueille les fruits.

Fragment de fresque reportée sur toile avec une grande habileté par M. Mortemart, rentoileur du Musée impérial.

Fig. de gr. nat.

CALIARI (D'après).

8. — *La Sagesse compagne d'Hercule.*

Copie française, exécutée au siècle dernier, d'un tableau qui appartenait au duc d'Orléans et faisait partie de l'ancienne galerie du Palais-Royal.

CALIARI (D'après).

9. — *Les habitants de Myre allant au devant de saint Nicolas, évêque.*

A droite, un temple, l'évêque et sa suite; à gauche, des hommes se prosternant aux pieds de l'évêque. L'un d'eux tient une bannière.

Copie faite par Valentin Le Febvre, de Bruxelles, d'après un plafond de P. Véronèse placé dans une des salles de l'Académie, à Venise. Le Febvre a également gravé cette peinture à l'eau forte.

Forme ovale.

CANON (Louis).

10. — *Étude de tête de jeune fille.*

Papier collé sur toile.

CHALLE (Charles-Michel-Ange).

11. — *Baigneuse.*

Une jeune fille nue se baigne dans un ruisseau ; ses vêtements sont posés à terre, et elle se retient à la branche d'un saule.

DELACROIX (Eugène).

12. — *Le duc de Bourgogne montrant sa maîtresse au duc d'Orléans.*

Le duc de Bourgogne, accroupi sur un coussin, lève le drap qui couvre la jeune femme couchée sur un lit, et dont la tête, plongée dans la demi-teinte, reste cachée à son admirateur. Dans le fond, un dressoir chargé de pièces d'orfèvrerie.

Tableau exécuté en 1825, d'un effet très-piquant et d'une exécution fort soignée.

DELACROIX.

13. — *Baigneuse.*

Une jeune femme, vue de face, à moitié enveloppée d'une riche draperie de soie rouge, assise sur un banc de pierre orné de sculptures, essuie un de ses pieds. Sur la tablette du banc, un petit chien blanc tacheté de noir et à longues oreilles; de l'autre côté, une femme debout appuyée contre le banc. Fond de jardin très-ombragé.

Tableau d'une couleur brillante et harmonieuse.

FRAGONARD (JEAN-HONORÉ).

14. — *Enfant tenant des fleurs.*

Figure à mi-corps, tête presque de face, cheveux blonds, poitrine et bras nus. L'enfant tient des deux mains un mouchoir rempli de fleurs.

FRAGONARD.

15. — *Loth et ses filles.*

Esquisse.

Papier collé sur toile.

GÉRICAULT (JEAN-LOUIS-ANDRÉ-THÉODORE).

16. — *Officier de chasseurs à cheval de la garde impériale.*

Toute première pensée pleine de feu du tableau exposé au Musée du Louvre sous le n° 243.

GUYARD (Mme).

17. — *Portrait de femme âgée.*

Elle est vue de face et porte un bonnet de gaze orné de rubans de satin blanc. Sa poitrine est couverte d'un fichu de mousseline à raies brillantes. Robe de soie rayée jaune et violet.

Ébauche avancée très-remarquable et d'une exécution virile.

JORDAENS (Jacques).

18. — *Tête d'étude de vieillard.*

Bois.

LAMBRECHT.

19. — *Intérieur d'un cabaret.*

Deux hommes boivent et fument près d'une table. L'un d'eux parle à une femme placée derrière lui.

LARGILLIÈRE (Nicolas).

20. — *Portrait d'homme.*

Tête tournée à gauche. Il porte un habit de velours rouge et un jabot de dentelle.

LEBRUN (Mme Louise-Élisabeth **VIGIÉ**-).

21. — *Portraits de femme et de jeune fille.*

Petite esquisse d'un portrait de femme vêtue de satin blanc, coiffée d'un chapeau de paille, assise dans un jardin et posant la main sur l'épaule de la jeune fille, qui tient des fleurs.

LÉPICIÉ (Nicolas-Bernard).

22. — *La Lecture.*

Femme étendue sur une chaise longue et lisant.

Petite esquisse.

Bois.

LIBERI (Le chevalier Pietro).

23. — *Figure allégorique.*

Femme portée sur des nuages et jouant du luth.

Bois.

LIBERI.

24. — *Figure allégorique.*

Femme portée sur des nuages et jouant de la flûte.

Bois.

MAAS (Nicolas).

25. — *Portrait d'un homme jeune.*

Il est représenté en buste, la tête nue, avec de longs cheveux tombant sur les épaules; il porte un habit d'un ton laqueux et retient de la main gauche son manteau, couleur feuille-morte.

Petit portrait d'une charmante exécution.

MABUSE (Jan Van).

26 — *La Vierge donnant le sein à l'Enfant Jésus.*

Bois.

MOREAU (Louis).

27. — *Vue d'un parc.*

A droite, un bois de hautes futaies; dans le fond, une terrasse à balustrade. A l'entrée du bois, un homme debout jouant de la guitare, et une femme assise ayant près d'elle son parasol. A gauche, des bosquets.

PALMA (Jacopo), dit Palme le vieux.

28. — *Le Père Éternel.*

Il est représenté de face, assis, la main droite levée et dans l'attitude de bénir.

Forme triangulaire dans la partie supérieure.

PONTE (Jacopo, da), dit le Bassan.

29. — *Travaux champêtres.*

Un homme charge des fagots sur un âne, un autre bêche la terre; près de ce dernier, un enfant agenouillé.

Papier collé sur toile.

PRINCE (Jean-Baptiste le).

30. — *Dame chantant en s'accompagnant de la guitare.*

Au milieu d'une chambre richement meublée, une jeune femme assise sur un canapé, vue de face, coiffée de plumes bleues, portant une robe de satin blanc à manches bleues, un jupon de soie jaune, chante en s'accompagnant de la guitare. A gauche, une jeune fille pose sur un guéridon un plateau supportant une carafe et une tasse.

Ce charmant petit tableau a été gravé en couleur d'une façon très-médiocre.

Bois.

RIBERA (Josef), dit l'Espagnolet.

31. — *Portrait d'homme.*

Il est représenté tête nue, en buste, vêtu de noir et avec un col rabattu.

RIESENER (Léon).

32. — *Étude de femme nue.*

Elle est vue de dos, les cheveux épars, et couchée sur une peau de tigre. Par terre, une mandoline, un coussin d'étoffe changeante.

Cette figure, de grandeur naturelle, est d'une puissance de ton et d'une exécution très-remarquable.

ROBERT-FLEURY.

33. — *Porte-étendard.*

Un guerrier debout, vu presque de profil, la tête nue, portant une cuirasse, des brassards et des cuissards, tient un drapeau à raies blanches et rouges. A ses pieds, un homme mort couvert d'une armure, et une jeune femme agenouillée dans l'attitude de la plus vive douleur. Dans le fond, des marches conduisant au péristyle d'un palais, et un homme mort. — Signé : *Robert Fleury*, 1850.

Lithographié par M. Mouilleron.

Bois.

ROBERT-FLEURY.

34. — *Un membre du Conseil des Dix.*

Il est vu de face, assis près d'une table couverte d'un tapis vert, sur lequel repose son bras droit. La main gauche est appuyée sur son genou. Il porte une toque de velours rouge, une robe de même étoffe doublée de soie cramoisie. — Signé : *Robert Fleury*, 1849.

Bois.

TIÈPOLO (GIOVANNI-BATTISTA).

35. — *Composition allégorique.*

Dans la partie supérieure, Mercure descendant de l'Olympe. A droite, sur des nuages, Vénus tenant un casque, les Grâces, des Amours. A gauche, Mars accompagné de la Renommée. Dans la partie inférieure, le Temps, des guerriers, etc.

Esquisse très-brillante pour un plafond.

TIEPOLO (DOMENICO).

36. — *Sujet allégorique.*

Vers le centre de la composition, on remarque un guerrier tenant un casque d'une main, une épée de l'autre. La Gloire lui apporte une couronne. La Renommée, accompagnée de génies, sonne de la trompette.

VECELLIO (TIZIANO), dit TITIEN.

37. — *Portrait de Lavinia, sa fille.*

Elle est représentée de trois quarts, tournée à droite, la tête nue, les cheveux ornés d'un diadème et de perles, portant un corsage de velours violet, une robe rouge, des manches courtes et blanches, et une écharpe d'un ton jaunâtre. Elle tient, élevé dans ses deux mains, un plat d'argent supportant deux grenades, un coing et d'autres fruits.

Titien a fait plusieurs fois le portrait de sa fille dans cette attitude, mais avec des différences dans le costume et les objets qu'elle porte. Un de ses portraits, venant du chevalier de Lorraine, se trouvait en 1727 dans la galerie du Palais-Royal, appartenant au duc d'Orléans. Au lieu de fruits, la jeune fille élève sur le plat une cassette enrichie de pierreries. Elle est vêtue d'une robe à manches longues et à crevés. Dans le fond, à gauche, se trouve un rideau relevé, et, à droite, une fenêtre laissant voir le ciel. Ce tableau passa ensuite en Angleterre et entra dans la collection de J. Rogers. Il a été gravé à la manière noire par A.-M. Huffam.

La remarquable peinture décrite ici, exécutée sur un gros coutil avec une largeur de touche et une finesse de ton qui présentent tous les caractères de l'originalité, a été achetée à Venise.

H. 0.96. — L. 0.82.

ANONYMES.

38. — *La Vierge tenant sur ses genoux l'Enfant Jésus.*

Probablement de Carletto Caliari.

39. — *Un Guerrier revêtu de son armure.*

Il porte sur la tête une couronne royale, et reçoit, sur le champ de bataille, les clefs d'une ville que lui présente un homme agenouillé.

Attribué à Léandre Bassan.

40. — *Tête d'étude de vieille femme.*

Attribuée à Giuseppe Maria Crespi.

Papier collé sur toile.

41. — *Portrait d'homme vu de face.*

École bolonaise.

42. — *Portrait de jeune fille vue de profil et à mi-corps.*

Elle porte un large chapeau à plumes et une robe de velours rouge.

École hollandaise.

43. — *Portrait du médecin de Van Dyck.*

Tête bien peinte, mais ayant souffert.

44. — *Guerrier revêtu de son armure.*

Il est agenouillé et en extase à la vue d'un évêque qui lui apparaît au milieu des nuages. Derrière lui, un écuyer tenant un cheval. Dans le fond, une bataille.

École espagnole.

45. — *Tête d'étude de jeune garçon.*

Gracieuse peinture de l'école espagnole.

Papier collé sur toile.

46. — *Portrait d'une petite fille.*

Représentée à mi-corps et dans le costume du temps de Louis XIV.

École vénitienne.

47. — *Le grand-prêtre accueillant le jeune Samuel qui se prosterne à ses pieds.*

École française du XVIIIe siècle.

48. —*La Vigilance.*

Figure allégorique couchée sur des nuages. Elle tient d'une main un sablier et de l'autre un coq.

École française du XVIIIe siècle.

49. — *Le Sacrifice d'Abraham.*

École française du XVIIIe siècle.

MINIATURES.

ANONYME.

50. — *Portrait de femme.*

Tête de trois quarts, tournée à gauche, cheveux châtains, relevés, légèrement poudrés, ornés d'un ruban bleu. Robe de mousseline lanche décolletée. Ruban bleu serrant la manche. Sur la poitrine, un nœud rayé bleu et blanc. Fond simple. Signé : *Hall.*

Malgré la signature, nous ne croyons pas cette miniature de Hall. L'exécution en est très-remarquable et d'une grande finesse, mais elle nous semble différer par la touche de celle de l'artiste dont elle porte le nom.

Cercle d'or guilloché, griffes d'argent; écrin de chagrin vert doublé de velours grenat.

Forme ovale. — H. 0.049. — L. 0.039.

DUMONT.

51. — *Portrait de Mme Vigié-Lebrun.*

Elle est représentée en pied, dans son atelier, assise devant une toile placée sur un chevalet, tenant d'une main sa palette et de l'autre un pinceau. Tête vue presque de face; cheveux bruns bouclés, relevés au sommet par un fichu blanc à raies bleues. Robe de dessous en satin blanc; tunique jaune clair bordé d'un feuillage bleu. Large ceinture bleue. Manteau sans manches, en taffetas violet. Costume *antique* de l'époque du Directoire.

Cette grande miniature, dont toutes les étoffes sont gouachées avec une extrême habileté, est une des plus importantes de toutes celles exécutées par l'artiste.

H. 0.16. — L. 0.12.

FRAGONARD (JEAN-HONORÉ).

52. — *Jeune garçon.*

Tête presque de face, tournée un peu vers la droite, cheveux noirs bouclés, col blanc rabattu. Gilet noir, habit brun clair avec boutons noirs. Fond simple.

Cercle en bronze doré du temps.

Forme ovale. — H. 0.067. — L. 0.055.

FRAGONARD.

53. — *Petit garçon habillé en pierrot.*

Tête de face, cheveux blonds, chapeau de feutre blanc bordé d'un velours bleu. Fraise au col. Habit blanc avec des rubans bleus. Il tient des roses sur son bras.

Tête charmante, d'une grande fraîcheur; conservation parfaite. — Bordure à nœud, en bronze doré. Dans un écrin en maroquin doublé de velours grenat, avec le n° 54.

Forme ovale. — H. 0.032. — L. 0.027.

FRAGONARD.

54. — *Petite fille.*

Tête de trois quarts, tournée à gauche. Sur le sommet de la tête, une petite coiffe rose garnie d'une dentelle blanche. La chemise, très-tombante, laisse voir la poitrine et les épaules nues. Robe rose. Fond simple.

Bordure à nœuds, en bronze doré. Dans un écrin en maroquin doublé de velours grenat, avec le n° 53, dont cette miniature est le pendant. Même finesse d'exécution.

Forme ovale. — H. 0.032. — L. 0.027.

FRAGONARD.

55. — *Petite fille.*

Tête de face, cheveux blonds pâles, bouclés près des oreilles, relevés au sommet et retenus par un ruban bleu clair. Robe blanche; manches serrées en haut par des rubans bleus. Des roses dans les plis de sa robe. Fond de ciel.

La charmante expression enfantine de cette tête, l'éclat éblouissant de son

teint blanc et rose, font de cette miniature, parfaitement conservée, un rare spécimen de la plus belle exécution de Fragonard.

Cercle de bronze doré. Ecrin en maroquin doublé de velours vert.

Forme ovale. — H. 0.068. — L. 0.054.

FRAGONARD.

56. — *Jeune femme.*

Tête vue de face et souriante, cheveux châtains dorés relevés ; une rose sur le côté gauche. Une fraise assez haute et ouverte par devant laisse voir le cou et la poitrine. Robe bleue. Fond simple.

Miniature d'un ton chaud et d'une grande vigueur d'exécution. — Bordure du temps en bronze doré. Ecrin de maroquin garni de velours grenat.

Forme carrée. — H. 0.081. — L. 0.051.

HALL (Pierre-Adolphe), né à Stockholm en 1736, agréé à l'Académie royale de peinture de Paris en 1763, mort à Liége le 16 mai 1793.— Il a peint des portraits en miniature, sur émail, au pastel et à l'huile.

57. — *Portrait de femme.*

Tête de trois quarts, tournée à gauche, cheveux noirs très-crêpés, légèrement poudrés, retenus par un ruban bleu. A travers le fichu de gaze qui enveloppe la poitrine on aperçoit un collier de perles. Robe de soie blanche à raies satinées, de même couleur. Fond simple pas tout à fait terminé.

Forme ronde. — D. 0.053.

HALL.

58. — *Portrait de femme.*

Tête presque de face; chevelure blonde, abondante, retombant en grosses boucles sur les épaules, et poudrée. Fichu de mousseline entourant le cou et croisé sur la poitrine; robe feuille-morte; rose au corsage. Fond simple.

Type exquis de la grande dame arrivée à l'âge où le *fichu menteur* remplace les robes décolletées.

Forme ronde. — D. 0.053.

HALL.

59. — *Portrait du duc de Penthièvre.*

Tête de trois quarts tournée à gauche ; cheveux poudrés, rouleaux sur les oreilles, cataugan. Cravate blanche, jabot, habit de velours gris pailleté, boutons d'acier. Fond simple.

Exécution très-ferme. Superbe conservation. — Cercle en or guilloché à griffes d'argent. Ecrin en chagrin vert doublé de velours grenat.

H. 0.033. — L. 0.032.

HALL.

60. — *Portrait d'homme.*

Tête de trois quarts tournée à gauche; face trés-colorée, cheveux poudrés, rouleaux sur les oreilles, catogan. Habit gris à boutons d'or, jabot. Fond simple. Signé : *Hall.*

Cercle d'or guilloché, renfermé dans un écrin en maroquin noir avec le n° 61.

Forme ovale. — H. 0.037. — L. 0.032.

HALL.

61. — *Portrait de femme.*

Tête de trois quarts tournée à droite; cheveux poudrés relevés, surmontés d'un petit fichu de satin blanc garni de dentelles. Robe montante de satin blanc à revers, fichu de mousseline garni de dentelles, rose au corsage. Fond simple. Signé : *Hall.*

Cercle d'or guilloché. Dans un écrin de maroquin noir, doublé de velours grenat, avec le n° 60.

Forme ovale. — H. 0.042. — L. 0.034.

HALL.

62. — *Portrait d'homme.*

Tête de trois quarts tournée à droite; cheveux poudrés à rouleaux sur les oreilles, catogan. Cravate blanche, habit feuille-morte. Fond simple. Signé . *Hall.*

Cette miniature, supérieurement conservée, rappelle, par la vigueur du modelé et du ton, les plus beaux portraits de Largillière.

Cercle en or guilloché, griffes d'argent. Écrin en chagrin vert doublé de velours grenat.

Forme ovale. — H. 0.032. — L. 0.028.

HALL.

63. — *Portrait de jeune femme.*

Tête de trois quarts tournée à gauche; cheveux poudrés relevés, coiffure noire garnie de dentelles blanches. Robe de satin blanc à demi décolletée, fichu de dentelle, nœud rose au corsage. Fond simple. Signé : *Hall.*

Le contraste des cheveux poudrés, des yeux et des sourcils noirs donne beaucoup de piquant à cette tête d'une grande distinction.

Cercle en or guilloché, à griffes d'argent. Écrin en chagrin vert doublé de velours cerise.

Forme ovale. — H. 0.047. — L. 0.038.

HALL.

64. — *Portrait de femme.*

Tête de trois quarts tournée à droite; cheveux châtains retenus par un ruban rouge, grosses boucles tombant sur le cou. Grand fichu relevé formant une espèce de fraise, robe verte décolletée, manches blanches, ceinture et rubans violets. Au cou une chaîne d'or à laquelle pend un médaillon. Fond de ciel nuageux.

Miniature d'une grande vigueur et de la meilleure conservation.

Cercle d'or à griffes d'argent. Écrin de maroquin doublé de velours blanc.

Forme ronde. — D. 0.070.

HALL.

65. — *Portrait de Marie-Antoinette.*

Tête de trois quarts tournée à droite; cheveux poudrés bouclés sur les tempes, relevés sur le sommet de la tête. La reine est coiffée d'une étoffe bleue de ciel garnie de dentelles et de fleurs. Robe décolletée de satin gris perle, fleurs blanches et rouges au corsage. Fond de jardin.

Cette miniature est d'une extrême délicatesse d'exécution et d'une harmonie de ton remarquable.

Cercle d'or guilloché, griffes d'argent. Écrin de maroquin grenat garni de velours blanc.

Forme ronde. — D. 0.067.

HALL.

66. —*Portrait de femme.*

Tête de trois quarts tournée à gauche; cheveux châtain-clair, bouclés, peu ou point poudrés, ruban bleu dans les cheveux. Fichu de mousseline croisé sur la poitrine, une rose au corsage, robe bleue à boutons, manches de dessous blanches serrées au-dessus du coude par un ruban jaune. Fond de paysage.

Cette miniature, extrêmement remarquable par la largeur de la touche et le pittoresque de l'exécution, paraît être le portrait de Mme Hall. En tous cas, c'est une œuvre où l'artiste a mis tout son talent, tout son feu, et qu'il a peinte évidemment pour lui-même.

Large monture en argent doré, guillochée. Écrin de maroquin noir, doublé de velours grenat.

Forme ovale. — H. 0,085. — L. 0,070.

HALL.

67. — *Portrait de jeune fille.*

Tête vue de trois quarts tournée à droite; cheveux châtain-foncé retenus par un fichu de soie jaune orné de roses. Gorge entièrement découverte. Fichu de gaze, manches blanches, robe bleue, des roses au corsage. Fond simple.

Cette miniature, comme fraîcheur de ton, vigueur de touche, relief dans le modelé et grâce dans l'expression, est un chef-d'œuvre qui peut soutenir la comparaison avec les têtes de jeune fille les plus réussies de Greuze.

Large bordure en bronze doré. Écrin de maroquin, doublé de velours blanc.

Forme ovale. — H. 0,110. — L. 0,093.

DESSINS.

ANDRIEU.

68. —* *L'ouvrière.*

Jeune fille travaillant près d'une fenêtre ouverte.

Aquarelle.

BONINGTON (RICHARD-PARKES).

69. —* *Portrait de Bonington.*

L'artiste, vu de dos, vêtu d'une longue robe de chambre à carreaux et peignant un paysage. Portrait en charge de Bonington fait par lui-même.

Aquarelle.

BONINGTON.

70. —* *Petits pêcheurs.*

Deux études d'après nature. Un des enfants est vu presque de face, l'autre de dos.

Aquarelles très-pittoresques, disposées sur une même monture.

BONINGTON.

71. —* *Paysage.*

Un voyageur, portant sur son épaule un paquet au bout d'un bâton, parle à une vieille femme assise au bord d'une route. Derrière elle une figure couchée sur l'herbe. Signé : R. P. B. 1826.

Sépia d'une grande finesse.

BONINGTON.

72. —* *L'ancien marché des Prouvaires, à Paris.*

Dans le fond l'église Saint-Eustache.

Etude d'après nature très-vigoureuse et peu terminée ; aquarelle.

BONINGTON.

73. —* *Paysage.*

A gauche, sur une grande route, un chariot attelé de deux chevaux, conduit par un homme à pied, couvert en partie par un drap blanc, se dirige vers une ville que l'on aperçoit dans le lointain. Coup de soleil à travers les nuages.

Aquarelle d'une grande finesse de ton.

BONINGTON.

74. —* *Ancienne maison de la rue Sainte-Véronique, à Beauvais.*

Deux figures de femmes près d'une porte surmontée d'un auvent.

Charmante aquarelle.

BONINGTON.

75. —* *Paysage.*

A droite, sur une petite éminence, un bois baigné d'une chaude vapeur. Sur la lisière, un ravin, une vache, un ruisseau. A gauche, des tertres où paissent des moutons. Effet de soleil couchant.

Magnifique aquarelle de la plus belle exécution de l'artiste.

BONINGTON.

76. —* *La statue équestre de Coleoni.*

Cette statue de bronze, exécutée sur un modèle d'Andrea del Verocchio par Alexandro Leopardo (1496), est placée sur un piédestal de haute dimension près de l'église *San Giovanni e Paolo*, à Venise. Signé : R. P. B.

Aquarelle gouachée très-vigoureuse et d'un grand éclat.

BONINGTON.

77. —* *Portrait de femme et de ses deux filles.*

Une femme en costume du temps de Louis XIII, vêtue d'une robe de dessous feuille-morte, d'une robe de dessus en satin noir, assise dans un fauteuil, tenant un petit chien. Auprès d'elle ses deux petites filles, debout. L'une d'elles a une rose à la main. Fond de paysage.

Aquarelle très-importante où l'artiste a cherché à imiter Van Dyck.

CARESME (JACQUES).

78. — *Danaé.*

Elle est représentée nue, couchée sur un lit, recevant la pluie d'or.

Gouache d'une grande habileté d'exécution et parfaitement conservée. (Encadrée).

CHARLET.

79. —* *L'école des petites filles.*

Sépia.

DELACROIX (EUGÈNE).

80. — *L'église des Jésuites* (Conte d'Hoffmann).

Le voyageur aidant le peintre qui travaille dans la chapelle.

(Encadré.)

DELACROIX.

81. — *Don Juan* (Conte d'Hoffmann).

L'esprit de dona Anna apparaissant à Hoffmann, dans sa loge, pendant une représentation de l'opéra de Mozart.

(Encadré.)

DELACROIX.

82. — *Gluck* (Conte d'Hoffmann).

Gluck exécutant au piano l'opéra d'Armide et priant son auditeur étonné de lui tourner les feuilles d'une prétendue partition dont toutes les pages sont blanches.

(Encadré.)

Dans ces trois dessins exécutés en 1831, l'artiste, en employant la sépia, l'aquarelle et le pastel, est arrivé à une puissance d'effet et d'expression très-remarquable. Le *Gluck* et *l'Église des Jésuites* ont été gravés par **M. F.** Villot.

DECAMPS (Victor).

83. —* *Paysage.*

Dessin à l'estompe et aux crayons noir et blanc.

DECAMPS.

84. —* *La première Inspiration.*

Peintre renversé dans un fauteuil et crayonnant sur une toile.

Caricature au crayon noir.

DECAMPS.

85. —* *Deux croquis.*

Un Uléma coiffé d'un énorme turban. Signé : D. C. — Combat de deux Grecs.

Sépias non terminées, disposées sur une même monture.

DECAMPS.

86. —* *Trois croquis.*

Une femme grecque dansant. — Un Turc assis et une tête de chien. — Pêcheur et autres figures.

Mine de plomb ; même monture.

DECAMPS.

87. —* *Le Café turc.*

Première pensée du tableau.

Dessin très-vigoureux, sur papier bleu, aux crayons noir et blanc.

DEVERIA (Achille).

88. —* *Costume d'homme du temps de Louis XIV.*

Aquarelle.

GÉRICAULT (Jean-Louis-André-Théodore).

89. —* *Six études de têtes d'après nature pour la Méduse.*

Dessins au crayon noir. — Au verso : Croquis de chevaux à la mine de plomb.

GRANET (François-Marius).

90. —* *La voûte.*

Passage conduisant à une place. A gauche, une madone. Signé : *Granet.*

Aquarelle.

GRANET.

91. —* *Le couvent.*

Un grand escalier dans l'intérieur d'un couvent. Fenêtre dans la voûte. Figures de moines. Signé : *Granet.*

Aquarelle.

LAMI (Eugène).

92. — *Le Rendez-Vous.*

Jeune homme et jeune femme en costume du temps de Louis XVI. Fond de paysage.

Aquarelle gouachée. (Provient de la vente de Mlle Rachel.)

MARVY (Louis).

93. —* *Vue prise en Angleterre.*

Maison de campagne entourée d'arbres et placée sur une colline sablonneuse.

Aquarelle.

ROQUEPLAN (Camille).

94. —* *La Marée montante.*

Diligence surprise au pied de falaises par la marée montante. Signée et datée 1829.

Aquarelle très-vigoureuse d'exécution.

VALERIO.

95. — *Bergère de Bosnie.*

Aquarelle.

VALERIO.

96. — *Bachi-Bousouck.*

Aquarelle.

VERNET (HORACE).

97. — *Jeune femme.*

Dessin pour le *Journal des Modes;* costumes de 1815; aquarelle.

98. — Sous ce numéro seront vendus quelques peintures et les objets omis dans le catalogue.

Typ. Charles de Mourgues frères, rue J.-J. Rousseau, 8. — 7550.

www.ingramcontent.com/pod-product-compliance
Ingram Content Group UK Ltd.
Pitfield, Milton Keynes, MK11 3LW, UK
UKHW022147260726
13993UKWH00005B/2214